STEPHEN BRUN
OHAZAR

BASKET

La Main au Panier

Casa éditions

Illustration de couverture et direction de collection : Jack Domon
Textes : Stephen Brun avec la collaboration de Erwan Abautret
Illustrations : Ohazar
Direction artistique : Martin Laignel
Maquette : Caroline Laleta Ballini / Studio So What Co., Ltd.

12 rue Mozart, 92110 Clichy
ISBN : 978-2-38058-336-6
Dépôt légal : janvier 2023
Achevé d'imprimer en décembre 2022 par Denona en Croatie

LA BASE

ARBITRE
ADRESSE

DÉTENTE
PASSE
Entraînement
Lancer-Franc
FAUTE
COACH
DÉFENSEUR

PIVOT
REBOND
Étirements
Temps-mort
BALLON
CONTRE
Zone
Filet
MARCHER

ENTORSE
GYMNASE

PASSE

Première chose que l'on apprend au basket. La base pour un sport collectif. Elle peut être directe, à terre, décisive ou même aveugle tant qu'elle n'a pas lieu au bois de Boulogne.

DÉFENSEUR

Joueur de mission qui a pour but de stopper le meilleur scoreur adverse. A pour consigne de suivre l'attaquant partout, même quand il va pisser. Met la tête où personne ne veut mettre la main. Pas le plus talentueux mais on aime bien l'avoir dans son équipe.

CONTRE

Shoot détourné par le défenseur. Cf. Cake

ADRESSE

Principe de base du basket. Mettre cette grosse balle orange dans le panier. Pour ceux qui en sont dépourvus, l'orientation vers le rugby ou l'haltérophilie est fortement conseillée.

ARBITRE

Homme d'autorité en uniforme gris qui n'a jamais mis le moindre panier. Chauve ou coupe à la brosse. Il aime le basket mais le basket ne l'aime pas.

Son sifflet lui fait pousser des ailes face à des gaillards de 2m10. Au basket plus qu'ailleurs il peut choisir son vainqueur.

BALLON

Grosse balle orange aux alentours des 24 cm de diamètre. De tous les sports collectif s'il y a un ballon qu'il ne faut pas prendre dans la gueule c'est bien celui du basket.

Gonflé à bloc, cuir bien tanné, en plus de faire saigner le nez il a aussi la faculté de fracturer des doigts. Mais la meilleure sensation reste de le mettre dans le panier.

COACH

Métier qui consiste à passer 17 heures par jour à la salle, regarder 300 matchs de basket par semaine, pousser 40 gueulantes par entraînement. Comme ses joueurs il partage une relation volcanique avec les arbitres. Sa femme et ses enfants peuvent seulement l'apercevoir le samedi soir au VIP d'après match.

DÉTENTE

Réservé aux joueurs athlétiques. Une bonne détente permet de dunker mais peut aussi combler certaines lacunes dans le jeu. Si vous n'en avez pas, mieux vaut avoir de l'adresse. Sinon il reste toujours le rugby et l'haltérophilie.

FAUTE

5 autorisées en basket FIBA mais 6 en NBA. Existe sous plusieurs formes. Elle peut être bonne, antisportive, technique, personnelle ou disqualifiante.

Elle maintient l'ordre dans un match mais peut aussi déclencher une bonne bagarre générale dans un match au couteau.

FILET

Il existe différentes sortes de filet : le classique, avec les pompons au bout et le filet en chaîne. Quand il n'y en a pas, ce n'est pas le même plaisir. Cf. Switch

ÉTIREMENTS

Clôture la fin des entraînements sous le regard laxiste du coach. Moment supposé sérieux qui après 2 minutes se transforme en concours de prout les jambes en l'air.

GYMNASE

Salle de basket vétuste souvent associée à des personnalités françaises. Exemple : Marcel Cerdan, Léo Lagrange ou Joliot Curie. Particularité, les douches sentent trop souvent l'urine.

ENTRAÎNEMENT

Allen Iverson, l'ancienne star NBA, n'aime pas en parler, mais il reste le meilleur moyen d'être performant en match. « On joue comme on s'entraîne » aiment répéter les coachs ! Donc si on prend 40 points, on peut dire que c'est la faute des entraînements et donc du coach ?

ZONE

Défense le plus généralement utilisée le dimanche matin dès 10 heures. Arme du faible pour certains, elle permet surtout de déjouer les joueurs très athlétiques.

ENTORSE

Blessure la plus courante de ce sport. La cheville, le genou, le doigt, l'entorse peut frapper tout le corps du basketteur. Sauf le nez, s'il y a entorse… c'est qu'il est cassé !

LANCER-FRANC

Tirs sans défenseurs suite à une faute sur un shoot. Dans les fins de matchs serrées, cela peut devenir un véritable supplice psychologique et écrire de belles histoires de losers. Ex : Manuel Valls a raté tous ses lancers francs dans le money time.

MARCHER

Si au handball vous pouvez vous permettre 3 pas sans dribbler, au basket 2 seulement sont autorisés sous peine d'être sanctionné par un « marcher ». Si dans les textes la règle est la même pour tout le monde, dans les faits on en est très loin. En Europe, le marcher est appliqué de manière quasi militaire alors qu'en NBA on est plutôt en mode « Baba Cool » .

PIVOT

Peut s'appeler Bernard. Joueur grand par la taille et censé évoluer près du cercle. Il en existe plusieurs styles : technique, physique, défenseur. Les plus grands ont été mesurés à 2 m30 les plus petits à 1 m 80, mais ceux-là on les aperçoit surtout le dimanche matin.

REBOND

Action de récupérer le ballon après un tir raté. Au basket, l'équipe qui gagne est l'équipe qui met le plus de points. Mais l'équipe qui remporte la bataille du rebond est aussi très souvent victorieuse.

Voilà pourquoi les vaillants, les joueurs de devoirs, les lutteurs auront toujours une carte à jouer dans un match de basket.

TEMPS-MORT

Arrêt volontaire du match par un entraîneur pour des ajustements tactiques. S'il intervient après avoir encaissé un 10-0, grande probabilité de prendre une énorme gueulante.

NIVEAU
BANCAL D'ANGLAIS

AIR BALL
Money Time
DREAM TEAM
TURNOVER
Play Off
W
DRIBBLE
CLUTCH PLAYER
FLOPPING
GOGGLES
SWISH
FLOATER
BUZZ BEATER
REVERSE
Trash Talk
Alley Oop
ROSTER
LAY UP
Bust
Dunk

BUST

Se prononce « beuste ». 1er ou très haut choix de draft qui ne confirmera jamais les grands espoirs placés en lui. Il végète finalement dans des championnats obscurs à la recherche de quelques billets.
Le punk à chien du basket.

CLUTCH PLAYER

Joueur qui adore les ballons chauds. Il peut être à 0/17 aux shoots sur une rencontre mais il rentrera toujours les tirs décisifs en fin de match.

FLOATER

Spécialité de Tony Parker. Shoot qui va toucher le plafond de la salle pour éviter le contre des grands pivots adverses.

AIR BALL

Action honteuse. Tir qui ne touche ni la planche ni le cercle. On pourrait le pardonner à Philippe Croizon mais pas à un basketteur. Équivalent du air guitar en musique à la différence qu'après un air ball, personne ne t'applaudit.

ALLEY OOP

Passe lobée qui consiste à envoyer en l'air son partenaire pour un panier spectaculaire. Se prononce « Aller Oupe » sinon on passe pour un mec de Boulogne-sur-Mer. Il vaut mieux le réussir sous peine de prendre une soufflante par son coach et d'aller s'asseoir longtemps sur le banc.

BUZZ BEATER

Panier décisif juste avant le gong final. Shoot réservé aux joueurs sévèrement burnés.
Cf. Clutch Player.

DRIBBLE

Principe de base du basket. Consiste à faire rebondir le ballon sur le parquet pour se déplacer. Savoir le faire des deux mains est fortement conseillé. Voilà pourquoi Jamel Debbouze est devenu comédien.

DUNK

Mettre le ballon sauvagement dans le panier.

Quand on défend, jamais bon pour le moral d'en prendre un dans la gueule.

DREAM TEAM

Équipe de rêve des USA aux JO de Barcelone en 1992, composée de légendes NBA (sauf une). Si aujourd'hui vos enfants vous cassent les « couilles» pour avoir le maillot de Russell Westbrook, c'est que son papa a dû vibrer devant cette équipe. On n'a jamais fait mieux depuis.

GOGGLES

Surtout portées dans les années 80/90, lunettes de vue adaptées à la pratique du basket avec des élastiques pour rejoindre les 2 branches. Donne un style de plongeur plutôt que de basketteur mais au moins permet de distinguer ses coéquipiers de ses adversaires.

LAY UP

Pour ceux qui n'ont pas les qualités pour dunker en contre-attaque, ça reste le tir le plus simple pour assurer 2 points.

FLOPPING

Exagération grossière d'un contact pour provoquer une faute avec cri de Tarzan à l'appui pour tromper les arbitres, qui évidemment tombent souvent dans le panneau.

MONEY TIME

Traduction « le temps de l'argent ». Fin de match dans laquelle les joueurs grassement payés doivent justifier leur salaire. Filtre naturel pour déterminer qui sont les plus courageux ou qui fait caca dans sa culotte !! Jordan a écrit sa légende dans ces moments-là.

PLAY OFF

Meilleur moment de la saison où tout se joue. Si certains matchs de saison régulière en NBA ressemblent plus à un match du dimanche matin, en play off, soyez-en sûrs, on est jamais déçus.

ROSTER

Terme américain qui désigne l'intégralité d'un effectif.

TRASH TALK

Terme anglais pour qualifier le chambrage. Partie intégrante du jeu en NBA, il est parfois mal perçu dans l'Hexagone. Face à son adversaire direct ou avec le public, il donne du piment à un match. La rumeur dit que Renaud Lavillenie s'est vu refuser sa licence par la FFBB après avoir fondu en larmes aux JO de Rio en 2016 sous les sifflets du public brésilien.

REVERSE

Mouvement à la fois technique et élégant. Balle en main, le joueur effectue un 360 degrés pour éviter un défenseur et rester dans le sens du jeu. Tony Parker le maîtrisait à la perfection. Réservé aux artistes de la balle orange. S'entraîner avec un plot avant de le faire en match est vivement conseillé.

TURNOVER

Traduction : ballon perdu. Si beaucoup de coachs ont une calvitie précoce, c'est en grande partie à cause de ces ballons perdus. Ça les rend fous et surtout ça fait perdre des matchs. Phil Jackson a toujours eu une coiffure parfaite, en même temps il a eu Michael Jordan et Kobe Bryant dans son équipe.

SWISH

Le soufflé au fromage a son perfect, le shoot à 3 points aussi. Ballon qui rentre sans toucher l'anneau en ne caressant que le filet offrant le bruit parfait « Swish ».

W

En anglais cette lettre signifie victoire. Ex : «We got this W». Traduction en Français «Nous avons remporté la victoire» et comme souvent ça marche bien mieux en anglais.

L'APPÉTIT VIENT EN DRIBBLANT

TRIPLE DOUBLE

BRIQUE

Olive

CAKE

CROQUEUR

Saucisson

PLANCHE

CAKE

Expression ringarde à connotation américaine pour dire contre. Généralement utilisé par les vieux beaux qui ne parlent pas un mot d'anglais.

CROQUEUR

Peu importe la situation, il ne passera jamais le ballon et c'est lui qui prendra tous les tirs. Coéquipier à qui on souhaite une grave blessure en plein match ou un accident de la route en se rendant à la salle…

SAUCISSON

Ou sauciflard. Expression pour exprimer un tir forcé complètement raté qui s'explose sur le cercle ou la planche. Ce saucisson-là est tès épais, gras et indigeste.

BRIQUE

Cousin du air ball, se différencie par le fait que le ballon vient s'exploser sur la planche ou fracasser le cercle, voire les deux. On préfère les manger chez nos amis maghrébins plutôt que de les voir sur un terrain.

PLANCHE

Rectangle en plexiglas ou en bois (pour les salles les plus rustiques) sur laquelle est fixé l'anneau. Les plus malins s'en servent pour assurer un panier, pour les moins doués elle permet de laisser le ballon en jeu après un tir raté.

OLIVE

Non elle n'est pas réservée à l'apéro ou à la 3e mi-temps de rugby ! Une olive bien sentie peut faire prendre l'avantage à un petit sur un grand lors d'une lutte au rebond. À vos risques et périls.

TRIPLE DOUBLE

Statistique individuelle qui consiste à aligner 10 unités ou + dans 3 catégories différentes. Chose extrêmement rare dans les années 90, banalisée depuis par Russell Westbrook. Ne peut pas être validée avec la Stat Turnover.

PLUS OU MOINS ALL STAR

TARIQ ABDUL-WAHAD
JAMES NAISMITH
ALL STAR GAME
Wembanyama
STATS
Westbrook
PARKER
Vétéran
YAO-MING
Noah Joakim
GOBERT
Zen Master
JORDAN
Popovic
WILLIAMS

GOBERT

Multiple meilleur défenseur NBA. 2m16 et des bras si long qu'ils lui permettent de faire le plein d'essence sans descendre de sa voiture. En route pour être le meilleur pivot de l'histoire du basket français.

JORDAN

Dieu absolu de ce sport. Toute personne remettant en cause son statut de GOAT (Greatest Of All Time) rejoindra immédiatement le groupe de Basketix.

TARIQ ABDUL-WAHAD

Premier joueur français a avoir foulé les parquets NBA en 1997. Il a ouvert la voie à la génération Parker.

JAMES NAISMITH

À l'image de Léonard de Vinci, il fait partie des grands génies de l'humanité. Quand un jour de 1891, il décide de faire mettre une balle dans un panier à ses élèves et d'en faire un sport, il crée le basket-ball. Sans lui Michael Jordan aurait été chauffeur livreur ou responsable de rayon chez Foot Locker.

YAO MING

Accouplement expérimental sans protection de 2 athlètes chinois de grandes tailles pour créer le basketteur ultime. Bilan : 2m30 de talent, 8 participations au All Star Game NBA, mais malheureusement l'ingénieur préposé aux pieds n'a pas assuré le service après vente.

WEMBANYAMA

« Victor de son prénom. » Comme Joe Dassin, « il veut l'Amérique et il l'aura ». Nouvelle star mondiale du basket à même pas 19 ans. Dunk, 3 points, passe-contre, il sait tout faire sur un terrain, du haut de ses 2m20. Le basket est presque trop facile pour lui. Quand « Wemby » joue, on se croirait dans le multiverse… La bonne nouvelle pour nous, c'est qu'il est français.

JOAKIM NOAH

2m11, joueur des Bulls de Chicago pendant 9 saisons, élu meilleur défenseur NBA en 2014 et 2 participations au All Star Game.

Il met des chaussures et ne s'est pas encore essayé à la chanson. Comme papa, jamais le dernier pour la night.

PARKER

Tony de son prénom. 4 fois champion NBA avec les Spurs de San Antonio, 6 fois présent au All Star Game et futur hall of famer. Champion d'Europe avec l'équipe de France. Tout en haut du sport français aux côtés des Zidane, Platini et Riner. Devenu président de club et businessman avisé. Toute personne remettant en cause son statut de GOAT du basket français… Direction le Basketix.

POPOVIC

Greg de son prénom. Coach et mentor de Tony Parker aux Spurs de San Antonio. L'un des plus grands entraîneurs de l'histoire de la NBA, 5 fois Champion NBA et 3 fois coach de l'année. Mais s'est fait froisser par Vincent Collet et la France à la coupe du monde de basket 2019.

* LE 11 SEPTEMBRE 2019, GREG POPOVIC, COACH LE L'ÉQUIPE NATIONALE AMÉRICAINE, A RENDU HOMMAGE AU TRAVAIL DE VINCENT COLLET, COACH DE L'ÉQUIPE DE FRANCE SUITE À LA VICTOIRE DE LA FRANCE SUR LES USA.

VÉTÉRAN

Joueur qui ne veut jamais arrêter le basket. Il n'avance plus, ralentit le jeu et ne met plus un panier mais il y a 15 ans il était pas trop mal. Passe son temps à se plaindre des jeunes et parler tactiques avec le coach. Il entraîne souvent 9 équipes dans le club.

WESTBROOK

Russell de son prénom. Meneur de jeu. Loin d'être le roi de l'organisation, il compense par une intensité hors norme. Monté sur ressort, il a réalisé l'exploit 55 ans après Oscar Robertson de terminer une saison en triple double de moyenne. Exploit qu'il réitère plusieurs fois de suite.

ALL STAR GAME

Ou Match Des Étoiles. Réunion des meilleurs joueurs d'un championnat pour un match qui se rapproche plus du cirque que du basket. Passé l'âge de 14 ans ça ne sert plus a rien de le regarder.

STATS

Plus qu'ailleurs le basket est depuis toujours un sport de statistiques. Il en existe des dizaines qu'elles soient collectives ou individuelles. Elles peuvent parfois rendre fou les joueurs qui sont plus obnubilés par leurs stats que par le résultat. Le joueur avec les stats les plus folles dans l'histoire du basket restera Wilt Chamberlain : 100 points dans un match, 55 rebonds et surtout + de 20 000 femmes à son actif selon ses dires.

WILLIAMS

Nom de famille de joueur américain très répandu dont le prénom s'oublie souvent. Joueur très utilisé dans les conversations de Basketix. Ex : Tu as vu hier ? Williams il a mis un gros dunk !!

ZEN MASTER

Surnom donné à Phil Jackson, coach 11 fois champion NBA. 6 fois avec Michael Jordan et 5 fois avec Kobe Bryant.

En même temps avec ces deux-là, on ne peut qu'adopter la zenitude.

POUR SE LA PÉTER

BASKETIX

Meneur

AILIER

Streetball

POSTER

CLAQUETTE

Isolation

MOULIN

Claquette

SUICIDE

OVERTIME

Pourcentages

CLAQUETTE

Spécialité de Fred Astaire mais qui n'a rien à voir avec le basket. **Chaussure préférée des basketteurs après l'entraînement** portée évidemment avec des chaussettes mais c'est surtout un savant mélange entre un rebond offensif et un tir qui peut être dunker ou déposé dans le cercle.

AILIER

Poste de jeu qui nécessite une panoplie complète du joueur de basket. Adresse, rebond, point, passe, interception, défense… Bon si on a tout ça, on est Lebron James, Michael Jordan ou Kobe Bryant.

KOBE BRYANT

5 titres NBA, 3e meilleur marqueur de l'histoire de la ligue. Il est celui qui s'est le plus rapproché du style de Michael Jordan, même si l'élève n'a jamais dépassé le maître. Il nous a tragiquement quitté en janvier 2020.

BASKETIX

Il porte le maillot de son joueur préféré tous les week-ends, connaît toutes les stars du moment, il regarde tous les matchs, en parle tous les jours à qui veut bien l'entendre, il tweet son avis comme des vérités absolues. Le problème c'est qu'il a découvert le basket il y a 10 jours.

ISOLATION

Système de jeu où justement on oublie tous les systèmes. On libère un quart de terrain pour un joueur qui n'a besoin que du ballon pour marquer.

Stratégie à risque qui peut créer des jalousies au sein du vestiaire. Marche très bien avec Michael Jordan, moins bien avec JR Smith...

MOULIN

Rien à voir avec Alphonse Daudet. Figure de dunk où l'on fait un tour entier avec ses bras le ballon dans les mains avant d'aller exploser le cercle. Réservé aux joueurs trèèèèèèèèèèèèèèèèèès athlétiques.

STREETBALL

Goudron, pas de filet sur les cercles, ballon en plastique, pas de règles et encore moins de tactiques. Ouvert à tous, du Basketix au joueur confirmé. Pratique non reconnue par le sélectionneur de l'équipe de France.

OVERTIME

Il n'y a pas (ou dans un autre temps) de match nul au basket. En cas d'égalité il y a donc une overtime (prolongation en français) jusqu'à ce que le résultat offre un vainqueur. Cela évite des interviews pompeuses de fin de match pour se satisfaire d'un simple match nul.

POSTER

Mot à double sens. C'est d'abord une grande photo d'un joueur que l'on affiche dans sa chambre. Mais c'est aussi une manière déguisée pour dire qu'un joueur s'est fait dunker dessus. On peut également le conjuguer. Ex : Fred Weis s'est fait posterizer par Vince Carter.

MENEUR

Petit patron censé être le cerveau de l'équipe et le relais du coach. Organisateur du jeu. Contre Exemple : Westbrook

SUICIDE

Sanction d'entraînement individuelle ou collective, souvent à cause de l'abruti de l'équipe qui ne comprend jamais rien, qui consiste à toucher chaque ligne du terrain de basket en sprintant. Finir par un suicide après 2 heures d'entraînement je crois qu'on préférerait presque prendre un ballon dans la gueule.

POURCENTAGES

Au basket, qu'est-ce qu'un mauvais pourcentage ?
Au lancer franc < 70% : tes coéquipiers tremblent quand tu es sur la ligne.
À 2 pts < 50% : fais des passes plutôt.
À 3 pts < 35% : tu fais du mal à ton équipe.
Et si vous avez les 3 cumulés il faut changer de sport.

À L'INTER-NATIONAL

EUROLEAGUE

CINQ *Majeur*

QUART *Temps*

ESPAGNE

MVP

NBA

DRAFT NBA

FINAL FOUR

FIBA

SCOUT

Celtics

Rookie

HALL OF FAME

Université

Rookie

CINQ MAJEUR

Les 5 joueurs qui commencent la rencontre. Jusqu'à nos 18 ans c'est humiliant de ne pas y figurer, avant de comprendre qu'il vaut mieux terminer les matchs que les commencer.

ESPAGNE

S'il y a bien un sport où l'Espagne nous a fait pleurer, c'est au basket… On a eu Tony Parker, ils ont eu les frères Gasol, Rudy Fernandez, Juan Carlos Navarro… On ne les a jamais battus au complet et en plus ils sont coachés par un Italien…

HALL OF FAME

Musée où figurent les plus grandes légendes de l'histoire du basket. Michael Jordan, Larry Bird, Magic Johnson... Tony Parker devrait être le 1er Français à y être intronisé.

CELTICS

Franchise NBA mythique situé à Boston. 17 titres NBA au compteur, dont 9 de suite dans les années 60. Franchise reconnaissable à ses couleurs vert et blanc. C'est un peu le Saint-Étienne de la NBA, sauf que leur histoire ne s'est pas arrêtée dans les années 70.

DRAFT NBA

Système américain qui permet aux franchises NBA de sélectionner des joueurs universitaires très talentueux. Peu importe s'ils savent lire ou écrire, du moment qu'ils mettent des paniers et qu'ils font vendre des maillots.

EUROLEAGUE

2e meilleure ligue du Monde derrière la NBA. Un seul club français l'a gagnée, le CSP Limoges en 1993. La Ligue des Champions du basket.

FIBA

Fédération internationale de basket-ball. Elle régit toutes les compétitions de basket européennes et internationales avec une réglementation différente de celle de la NBA : ligne à 3 points plus proche, 4x10 minutes au lieu de 4 x 10 en NBA, 5 fautes personnelles au lieu de 6 en NBA et règle du « marcher » appliquée à la lettre. Beaucoup moins convoquée au tribunal que la FIFA.

NBA

National Basket-Ball Association. Le meilleur championnat de basket au monde. D'ailleurs, le champion NBA s'autoproclame « Champion du monde » ! Dans les faits c'est vrai et personne ne peut dire le contraire. Mais nous au moins on a de la bonne bouffe.

FINAL FOUR

Tournoi final des 4 meilleures équipes d'un championnat sur un week-end. Match à élimination directe demi-finale et finale. Formule appliquée dans le championnat universitaire américain et en Euroleague.

QUART TEMPS

En FIBA ils durent 10 minutes, en NBA ils durent 12 minutes mais ces relous d'universitaires américains jouent toujours en 2 mi-temps de 20 minutes. Comme son nom l'indique il en faut 4 pour faire un match.

MVP

Most Valuable Player. On peut être MVP d'un match, d'une saison ou d'un All Star Game. Mais le mieux, c'est être MVP des finales car ça signifie qu'on est champion.

UNIVERSITÉ

Pour la pratique du basket mieux vaut être dans une université américaine. Le championnat de France universitaire s'apparente plus à un tournoi de village dans l'Ain sur le parking d'un supermarché. L'université oui, mais aux US pour le basket.

SCOUT

Toujours ? On ne le sait pas vraiment, tant ce métier d'observation de jeunes potentiels susceptibles de rejoindre un jour la NBA s'est ouvert à qui le veut bien. Chaque franchise a ses propres scouts aux 4 coins du monde, plus ou moins crédibles pour tenter de trouver la perle rare qui a déjà 4 mix de 10 minutes sur Youtube.

ROOKIE

Joueur qui joue sa 1re année NBA. Son bizutage se limite à porter un sac à dos Hello Kitty ou Dora l'exploratrice, acheter des donuts tous les matins ou retrouver sa voiture pleine de pop-corn. On est bien loin de la bite au cirage dans l'armée ou boire façon Depardieu dans les facs. Pour s'intégrer, un rookie doit surtout être bon sur le terrain.